Colección de artículos políticos III – 2010-2011

Colección artículos Política Dominicana

Lic. Arturo Féliz-Camilo, MDE

Primera edición impresa. Abril 2012

Imagen en la tapa: "La bandera muere" de
Arturo Féliz-Camilo

Arturo Féliz Camilo ©

ISBN-13: 978-1475271768

Arturo Féliz-Camilo (1977-)

Nació en Santo Domingo, República
Dominicana. Obtuvo el grado de
Licenciado en Derecho "Magna Cum
Laude" en la Universidad Autónoma
de Santo Domingo (U.A.S.D.)

En el 2008 obtuvo su grado de
"Magíster en Derecho Empresarial y
Legislación Económica" (MDE) en la
Pontificia Universidad Católica Madre
y Maestra (PUCMM) de la República
Dominicana.

Es intérprete profesional y consultor
empresarial. Ha estado involucrado
en temas políticos y análisis de la
política Dominicana por más de una
década.

Prólogo

El presente volumen es una compilación de mis artículos de temas políticos. Es el volumen III de la serie.

El primer volumen contiene mis artículos del 2008, mi año más productivo. El volumen II contiene los artículos del año 2009.

Entre el 2010-2011 escribí menos artículos. También creo que han sido mis artículos más fríos.

Imagino que eventualmente habrá un volumen IV, aunque no puedo prever cuando saldrá.

Hay otros proyectos en los que me he entretenido y que me

tomarán tiempo, incluyendo un libro de teoría del Estado que me interesa mucho.

Muchas razones me han impulsado a pensar en dejar de escribir de política, pero algo me llama y me atrae de nuevo.

Nunca puedo olvidar a Facundo, poeta partido a destiempo, cuando cantaba los versos de Almafuerte.

"Si te postran diez veces te levantas,
Otras diez, otras cien, otras quinientas...
No han de ser tus caídas tan violentas
Ni tampoco, por ley, han de ser tantas.

Con el hambre genial con que las plantas
Asimilan el humus avarientas,
Deglutiendo el rencor de las afrentas
Se formaron los santos y las santas.

Obsesión casi asnal, para ser fuerte,
Nada más necesita la criatura,
Y en cualquier infeliz se me figura
Que se rompen las garras de la suerte...

¡Todos los incurables tienen cura
Cinco segundos antes de la muerte!

¡Piú avanti!

No te des por vencido, ni aun
vencido,
No te sientas esclavo, ni aun
esclavo;
Trémulo de pavor, piénsate
bravo,
Y arremete feroz, ya mal herido"

Almafuerte

Arturo Féliz-Camilo
Abril 2012

El "Beau ideal"

Julio 24, 2011

Los últimos meses han sido de reflexión, de contemplación silente de una realidad tan cruda como elocuente: podredumbre, corrupción, indolencia, desprecio por la dignidad de los más pequeños y ensanchamiento de las inmensamente diversas "brechas" de nuestro tiempo...

No ha sido "madurez" ni indolencia, no se ha perdido el "beau ideal"...No nos hemos puesto viejos...

Ante la tentación de entregarse a los sentimientos de orfandad, desamparo, indefensión y abandono, desde el abismo más profundo, es cuando debemos sacudirnos y asirnos a los principios heredados...

Los principios fundamentales son inmutables. De lo que se trata es de las interpretaciones, derivaciones y corolarios de los mismos que son tantas veces sorprendentemente circunstanciales y acomodaticios. Manejados por los políticos y por los Estados para sus propios fines...

Lo que hemos visto en la pasada semana y lo que veremos, sin duda, en las semanas por venir, acrecentará ese sentimiento y esa convicción de que quedan pocas esperanzas... Los "famosos cables" desnudarán a muchos y tumbarán a algunos de los pocos santos que quedan en los altares. Y a pesar de todo... ¡es bueno!

Es bueno porque nos ayudará a acelerar ese despertar; esa concienciación de la necesidad de un cambio esencial que arrastre líderes, instituciones, costumbres, ideas, prejuicios y ataduras, así como la inmundicia acumulada por décadas de opresión y autoritarismo...

Es bueno porque permitirá que los nuevos líderes surjan de entre la bruma, porque alcanzaremos "la masa crítica"...

Es bueno porque será el inicio de una nueva revolución: no de sangre, ni guerra, ni violencia, ni opresión, ni disturbios, ni revueltas, sin disparos y sin pólvora, sin sufrimiento más allá del que genera el cambio mismo y la destrucción de los paradigmas...porque será el inicio de la revolución de la conciencia, que como represa liberada de pronto arrastrará todo a su paso y nos arropará a todos en los hálitos refrescantes de una nueva era... ninguna fuerza humana podrá evitarlo...

"No te des por vencido, ni aun vencido, no te sientas esclavo, ni aun esclavo; trémulo de pavor, piénsate bravo, y arremete feroz, ya mal herido"

Almafuerte

"Hay una cosa más poderosa que todos los ejércitos del

mundo, y es la idea a la que le ha llegado su hora"

Víctor Hugo

"Esa no es mi constitución"...

Leonel Fernández...

Abril 12, 2011

A finales del 2009, cuando se discutían de forma insistente los aspectos que se modificarían en la nueva constitución, y a pesar de sentir una gran simpatía por los integrantes del movimiento, expresamos nuestra oposición y divergencia con la posición de aquellos que planteaban que esa no era su constitución. También criticamos cuando se llegó a plantear la desobediencia civil a la constitución.

Debemos reconocer que nunca pensamos que llegaría el día en

el que contaríamos al principal promotor de esa constitución entre los que no la consideraban suya. Nunca nos imaginamos que llegaríamos a defender esa constitución, en defensa del imperio de la ley y de la institucionalidad, de quien hasta "padre" de la misma se ha proclamado.

Pero el día ha llegado.

En su discurso del viernes pasado, el presidente planteó una serie de ideas que mientras ponen en duda su capacidad jurídica, no dejan ninguna duda de su mala fe y de su convencimiento de la incapacidad de conceptualizar del pueblo Dominicano.

Nuestro presidente reconoce que la constitución prohíbe la "reelección consecutiva" en su artículo 124. Y no está de más tampoco señalar la redundancia, pues sólo la "consecutiva" es "reelección". Pero lo trascendental es que el presidente decide divorciarse de la constitución al señalar como "destacados juristas han argumentado que la misma no tendría aplicación (para él)...en razón de lo indicado...sobre la irretroactividad de la Ley..."

Es posible que esos "destacados juristas" desconozcan la jurisprudencia Dominicana en cuanto a este punto. Nuestra Suprema Corte de Justicia ya ha declarado "...que las normas constitucionales pueden tener efecto retroactivo y alterar o afectar situaciones jurídicas establecidas conforme a una legislación anterior...". (Sentencia de Septiembre de 1995, BJ. 1018) También es posible que esos mismos juristas hayan sido quienes elevaron ese recurso perdidoso en su oportunidad.

Pero aun para quienes ignoren la jurisprudencia, la razón sería suficiente para descubrir la falacia. Si fuera cierto que el artículo 124 no le es aplicable al presidente Fernández, por motivo de no retroactividad de la constitución, entonces le aplicaría el artículo 49 de la constitución del 2004, en cuya virtud y ya habiendo sido electo a su segundo periodo consecutivo, no podría "...postularse jamás..."

El presidente luego propone "otro mecanismo" según el cual podría postularse, si el primer argumento "no fuera suficiente": Por medio de un referendo consultivo o uno aprobatorio (Artículos 210 y 272) y es aquí donde el presidente realmente nos deja perplejos, pues parece que nadie le explicó al presidente, que inclusive lo cita en su discurso, que el referendo consultivo no puede tratar sobre esa materia (Art.210 numeral 1) y que el referendo aprobatorio es solo la parte final de una reforma constitucional especial y que previamente requiere del procedimiento de modificación constitucional reglamentario.

(Entendiendo que el artículo 272 es la continuación en cuanto a la materia del artículo 271)

Quizás el presidente se haya dejado convencer de los argumentos melosos de sirvientes serviles que han llegado a plantear que "la constitución es inconstitucional" en cuanto limita "el legítimo derecho" del presidente a aspirar a ser elegido. Quizás sus lacayos también desconozcan el principio que establece que "la constitución no puede ser inconstitucional". Principio que ha sido consignado también por jurisprudencia reciente, cuando en el 1995 nuestra Suprema Corte de Justicia declaró "...que las disposiciones de la Constitución no pueden ser

contrarias a sí mismas..."
(Sentencia de Septiembre de
1995, BJ. 1018)

El presidente entiende que "...no
existe nada de pecaminoso,
ilegítimo o ilegal en intentar..."
lo que todos miramos con
repugnancia. La violación
descarada de la constitución que
el mismo promovió y que está
llamado a respetar y defender.
Debemos además agradecerle el
gesto, porque no decidió
repostularse no porque no
pudiera (sic) sino porque "no le
dio la gana"...

Al fin y al cabo, esa no es su
constitución...

<u>Como destruir los fondos de pensiones...</u>

Marzo 7, 2011

La economía mundial sufrió hace unos años la que probablemente fue la mayor crisis de la historia y sin lugar a dudas la peor desde la caída de los mercados y posterior depresión del 1929. Pasarán muchos años, quizás décadas, antes de que las economías se recuperen en términos de perdida de ahorro y riqueza. Muchos nunca recuperaran lo que perdieron.

Es complicado explicar la crisis económica en términos comprensibles.

En términos generales podría decirse que una de las

principales causales fue un progresivo proceso desregulatorio que por años floreció en el mercado financiero de los Estados Unidos y que eventualmente llevó a una crisis mundial, por la interconectividad de las economías de hoy en día.

Una enorme burbuja se creó en el sector crediticio. Las instituciones crediticias vendieron sus títulos hipotecarios a instituciones secundarias que a su vez titularizaron estas hipotecas y los vendieron a fondos de inversión y otro tipo de fondos. Estos "nuevos productos" financieros fueron asegurados y calificados. En pocas palabras: hubo comida para todo el mundo.

A pesar de lo bueno del negocio, los compradores solventes se agotaron y el mercado se acabó, por lo que las instituciones financieras, en vez de parar la fiesta, subieron la música y pidieron más bebida; Ampliaron el mercado vendiendo a quienes no calificaban y vendedores inescrupulosos, incentivados por las sabrosas comisiones, llegaron a estafar pura y simplemente.

Estas hipotecas "basura" fueron a formar parte de complejos productos financieros, que a pesar de contener altas proporciones de títulos de bajísima calidad recibieron altas calificaciones crediticias. El hecho de que las calificadoras de riesgo recibieran compensación por dar esas calificaciones sólo explica parte del problema. A nadie le importaba demasiado la calidad de estos productos, todos estaban cobrando jugosas comisiones y el único dinero que estaba en peligro era el de los usuarios finales, fondos de pensiones y otros incautos. Los principales responsables se aseguraron y capitalizaron mucho antes de la caída.

La inversión en hipotecas de mala calidad nunca ha sido un buen negocio. Prestarle a los insolventes no es una forma típica de generar o aumentar capital.

Con frecuencia digo que en nuestro país no se ha inventado nada en términos de corrupción. Solo lo aplatanamos, lo hacemos más vulgar, más simple, más descarado y más descarnado.

La "ideota" actualmente es construir unidades habitacionales de "bajo costo", financiadas con los fondos de pensiones.

Cabría preguntarse: Si es negocio ¿Por qué no lo han hecho los bancos privados? ¿Hay capacidad de pago o seguridad de repago en un sector económico fuertemente dependiente de la economía informal, el menudeo y la chiripa? ¿Quién va a asegurar los más de 100,000 millones que no son fondos públicos?

Lo que estamos intentando hacer ya lo intentaron los

norteamericanos: Generar riqueza a partir de un producto no rentable. La diferencia es que en vez de hacerlo por medio de una compleja cadena de productos financieros, titularizaciones y productos financieros derivativos mixtos, asegurados y calificados lo queremos hacer a lo bestia: simplemente invirtiendo el dinero ajeno en un negocio malo.

Es la mejor forma de destruir los fondos de pensiones...

Justicia política

Febrero 21, 2011

Uno de los más encendidos e insistentes debates en las últimas semanas ha sido sobre las condiciones para ser juez del tribunal constitucional.

Como a menudo sucede cuando un debate técnico se contamina políticamente ha sido difícil ver más allá de las posiciones políticas. Como siempre hemos entendido el derecho al margen de las pasiones, las preferencias y los deseos personales, entendimos pertinente explicar brevemente que es lo que dice (y lo que no dice) la constitución de la República sobre el tema.

Lo que se ha dicho es que la constitución establece, en su artículo 151, numeral 2, que la edad de retiro para los jueces de la Suprema Corte de Justicia es de 75 años. El artículo 187 de la misma constitución establece que las condiciones para ser juez del tribunal constitucional son las mismas que para ser juez de la Suprema Corte de Justicia. Está muy claro entonces que ningún juez con más de 75 años puede formar parte del Tribunal Constitucional ¿no?

La verdad es que no.

Las condiciones para formar parte de la Suprema Corte de Justicia están claramente definidas en el artículo 153 de la constitución y ninguna disposición en este artículo habla de edad de retiro.

El debate sobre la edad de retiro surge por lo que establece el artículo 151 que dice:

"...La edad de retiro obligatoria para los jueces de la Suprema Corte de Justicia es de setenta y cinco años..."

¿Debe aplicarse esta, como todas las demás disposiciones para los jueces de la SCJ a los jueces del TC?

Evidentemente que no. Sólo las que tienen que ver con las condiciones para su nombramiento. Si así fuera entonces sus términos de ejercicio y sus funciones también serían los mismos. Es una innegable manipulación política.

La razón por la que los jueces de la Suprema Corte de Justicia tienen una edad de retiro obligatoria es que son nombrados de por vida. En el caso de los jueces del Tribunal Constitucional, nombrados por un término específico de 9 años y sin posibilidad de reelección no es necesario establecer una edad de retiro. (Art. 187)

¿Qué necesidad hay de establecer una edad de retiro cuando existe un término definido y no hay posibilidad de reelección?

Ninguna.

¿Necesita Haití de un dictador?

Enero 17, 2011

El día de ayer llegó a Haiti, luego de un exilio de 25 años, Jean Claude Duvalier. El dictador, hijo del anterior dictador François Duvalier.

Duvalier llegó a Haití "sorpresivamente", con un pasaporte diplomático otorgado por el presidente Rene Preval y escoltado por las fuerzas de seguridad de la ONU. Resulta difícil explicar el elemento "sorpresa" ante tales circunstancias.

Haití ha estado sumido en el caos de un verdadero Estado fallído por décadas. Bandas armadas controlan amplios

23

territorios, ejecutan y asesinan a mansalva, roban ayudas y alimentos destinados a los más pobres y proveen cobertura a los grandes cárteles de droga.

La clase alta haitiana ha traicionado al pueblo haitiano enriqueciéndose de forma obscena a costa de la misma sangre del pueblo haitiano, robándoselo todo y convirtiendo en negocios personales toda oportunidad de desarrollo para el pueblo.

Los haitianos de abajo no tienen nada. En Haití no hay educación, no hay comida, no hay trabajo, no hay seguridad social, no hay seguridad pública, no hay instituciones. La indolencia es insoportable, insultante, horrorosa.

Los organismos internacionales se niegan a invertir en Haití porque todas las iniciativas terminan en los bolsillos de algún oligarca haitiano.

La democracia en Haití es un concepto que nadie entiende. La participación en las elecciones es mínima y nadie cree en nada. Nadie ejerce ningún derecho fundamental o político porque nadie los tiene.

En este contexto, nos preguntamos: ¿Necesita Haití de un dictador?

Y lo respondemos de esta forma: ¿Si a los haitianos les preguntaran si estarían dispuestos a "entregar" unos derechos políticos y fundamentales que hoy no tienen y nunca han tenido a cambio de la organización del Estado Haitiano, la creación de instituciones, la seguridad pública, la eliminación de las bandas criminales, educación, alimentación, inversión e implementación de las iniciativas y ayudas de organismos internacionales y el desarrollo económico del país, que responderían?

Yo opino lo mismo.

Formadores delincuentes...

Diciembre 2, 2010

Una de las piezas fundamentales de una nación es el respeto que los ciudadanos tienen por las leyes y normas que rigen el aparato social de la misma. Uno de los problemas fundamentales de nuestra nación es la falta de educadores con los nivéles técnicos requeridos para transmitir conocimiento. Muchos carecen hasta de los nivéles requeridos para entender los contenidos que están supuestos a enseñar.

Y a pesar del drama que significa tener a un maestro que no domine los contenidos que está llamado a enseñar, hay algo que nos preocupa más aun. El maestro, más que transmisor de conocimiento, es formador. El maestro debe ser un ejemplo. Debe ser un modelo de acciones cívicas, de respeto a las normas, de comportamiento público, de modales y de respeto a las leyes.

¿Qué puede esperar una nación de formadores delincuentes?

Quien viola la ley delinque y quien delinque de forma habitual es un delincuente. El ministro de educación es un delincuente.

En el caso de los estudiantes acusados de pasar las pruebas nacionales de forma fraudulenta, se condenó a todos los estudiantes que tuvieron un patrón de respuestas correctas e incorrectas. Era imposible saber quienes eran culpables y quienes inocentes. Este sistema garantizaba que por lo menos algunos inocentes fueran sancionados.

Esta medida era manifiestamente ilegal e inconstitucional. No se puede condenar sin que haya una acción punible que pueda ser individualizada y atribuible directamente al imputado. Pero se prefirió sancionar a algunos inocentes antes que dejar escapar a los culpables. Cuando los tribunales fallaron en contra del ministerio de educación el ejemplo fue desacatar las sentencias de los tribunales.

Hace algún tiempo, cuando se reclamaba el 4% del PIB que la ley establece para educación, el ministro dijo que el ni sabría que hacer con todo ese dinero. El ministro parece creer que la ley es opcional (Y desconocer el concepto de renuncia)

Ya en los últimos días en un intento de divertir la atención del encendido debate sobre el 4% para la educación, el ministro anuncia un cambio curricular y de los textos, sin la sanción del consejo de educación. Una violación más a la ley. Ante el escándalo sólo responde: Todo seguirá según lo planeado.

¿Puede avanzar un país de formadores delincuentes?

Si es esclavo, indolente y servil...

Septiembre 29, 2010

Debemos reconocer que somos de los que se preguntan, desde hace tiempo, que es lo que ha pasado con el legendario coraje del dominicano. Nos preguntamos como es que hemos llegado al humillante servilismo, a la aceptación degradante, a la indolencia ruín, a la conformidad indolente y hasta a ver con buenos ojos la adulación y la miserable lisonja...

Nuestra nación se erigió sobre el pedestal glorioso de la sangre de hombres viriles, desinteresados, consagrados y nobles. De un Duarte que dio vida, propiedades y honor por la causa; de un Sánchez que se honró y nos honró con ese "yo soy la bandera nacional"; que soportó erguido, herido de muerte, la descarga de los infames fusiles traidores; de la gloriosa espada de Duvergé y Luperón y de la sangre heróica, generosamente derramada por las Mirabal, Estrella Sadhalá, Amado García, Manolo, Fernández Domínguez, Caamaño y tantos otros héroes que se ha tragado el silencio y la desidia, la apatía y la pereza...

Corromperse y entregarse, ceder y capitular, rendirse, someterse, perder el aliento ante la visión de un adversario formidable no es a lo que estamos llamados... no es al desánimo y al desaliento a lo que estamos llamados...es a la no negociación sobre los principios, es a la posición digna, noble, impertérrita, firme, viril, estóica, es a vencer o a morir intentándolo, es a morir de pie antes que vivir de rodillas...

Aun quedan algunos dispuestos a esa lucha, pero no deja de entristecernos profundamente cada vez que perdemos alguno...

Las palabras proféticas de Prud'Homme resuenan estridentemente en nuestros oídos y nos desconciertan...

...Si la llama que inspira la entrega heróica y desinteresada por la patria no crece en nuestros pechos, pronto seremos indignos de la libertad...

Ninguno es fácil... ¿Ninguno?

Abril 27, 2010

Ya anteriormente nos hemos referido a lo improcedente, desacertado y riesgoso del voto por "ninguno".

Los promotores de la iniciativa del "voto por ninguno" han desaprovechado la oportunidad de participar en un proyecto mucho más interesante, innovador y fructífero que exige mucho trabajo pero que es más digno de jóvenes a los que les importa su país.

En vez de la iniciativa fracasada, presuntuosa, prepotente, cómoda, perezosa y plagiada del "voto por ninguno" lo interesante sería ver una propuesta, basada en el estudio del historial político, personal, familiar, social y moral de los candidatos, sin importar el partido, para endosarlos como "candidatos de la nueva generación"...

Luego de analizar a los candidatos se presentaría una propuesta pública de endoso a estos candidatos. El potencial de este proyecto es enorme. Podría eventualmente llegar a ser una guía. Esos grupos juveniles, que ya tienen una trayectoria y reputación positiva por su participación en la defensa del medio ambiente y del país podrían llegar a tener verdadero poder político, una auténtica participación en el proceso político.

Tenemos que ir más allá, debemos tener ideas frescas. La política no puede, para nosotros los jóvenes, ser lo mismo que ha sido hasta ahora. No puede ser política de funditas, de ayuditas, de chequecitos, de ser "la esperanza de la gente". Debemos hacer una política de ideas innovadoras y revolucionarias. Debemos liberarnos de lo que nos dan los medios comprados por los intereses.

Debemos empezar a identificar nuestros intereses. Debemos presentar propuestas concretas.

Es una vergüenza y una irresponsabilidad proponer votar por ninguno en circunscripciones donde hay candidatos valiosísimos.

Es completamente legítimo decir "no apoyamos ningún candidato" donde no los haya de valor, pero hacerlo donde los hay es más que una cobardía política, es una traición...

...así no se hace política...así no se hace patria...

El barrilito... "Legal, legítimo y absolutamente transparente..."

Marzo 26, 2010

Hace unos días el presidente del senado de la república, en alusión al ya tristemente célebre barrilito, uso los términos "legal, legítimo y absolutamente transparente"...No es legal, no es legítimo y no es mínimamente transparente...

No es legal, porque violaba el artículo 100 de la constitución anterior y viola el 39 numeral 1 de la nueva constitución...

La transparencia consiste en entregar a una persona un cheque correspondiente a decenas de "beneficiarios" para que esa persona lo reparta directamente. Ya olvidamos el PEME, los miles de cédulas inventadas y otras cosas de las que no queremos acordarnos...

Pero lo que manifiestamente es el barrilito, es ilegítimo. Entendemos que quienes se dedican a lo más sucio de la política y a prácticar consuetudinariamente el "todo vale" confundan lo legal, con lo políticamente conveniente y lo legítimo, conceptos diferentes y con frecuencia incompatibles.

Lo legítimo es siempre justo, lo justo es siempre legítimo. Lo legal no siempre es legítimo ni justo.

Un funcionario electo legal y legítimamente puede dejar de

ser legítimo desde que pierde el apoyo de la mayoría de la población. No por eso deja de ser legal.

¿Es legítimo un funcionario electo por medio del abuso de los recursos del Estado? ¿Es legítimo un funcionario que viola la ley y la constitución que juró defender? ¿Es legítimo un funcionario que encubre crímenes contra el Estado? ¿Es legítimo un funcionario, aun electo legalmente, cuando incurre en prevaricación, soborno, cohecho, presión, coacción, tráfico de influencias, manipulación clientelista, abuso de poder y otros actos reprochables?

¿Es legítimo que un funcionario legislativo, cuya función es gestionar leyes y fiscalizar a los demás poderes se dedique a "labores sociales", por demás carentes de toda transparencia y propias del Ejecutivo?

¿Es legítimo que un legislador se atreva a decir que aprobó un contrato sin leerlo? ¿Qué se dedique a repartir dadivas humillantes en los barrios en vez de legislar y fiscalizar?

Maldito el pueblo en el que todos quieren ser cabezas, en el que todos buscan el protagonismo, en el que todos buscan la ventaja y nadie se interesa por el bien común y por hacer el trabajo que les corresponde...

Maldito el pueblo esclavo, indolente, servil,...que rinde culto a lo foráneo y donde nadie se interesa por lo genuinamente legítimo...

El tránsfuga

Marzo 16, 2010

En momentos en los que el transfuguismo se ha hecho habitual, no es impertinente aportar algunas ideas y puntualizaciones al tema.

La palabra siempre ha sonado fea y es lógico. Siempre se ha asociado a las peores lacras sociales, a los peores intereses, a la traición y a la falta de principios.

La real academia de la lengua define tránsfuga como la persona que "pasa de una ideología o colectividad a otra"; como "la persona que con un cargo público no abandona este al separarse del partido que lo presentó como candidato" y finalmente como el "militar que cambia de bando en tiempo de conflicto".

Pero, ¿Es siempre criticable el transfuguismo? ¿Es siempre condenable? ¿Es siempre lo mismo? No. No lo creemos. No terminamos de abandonar la perversa costumbre de simplificarlo todo como una papilla oligofrénica más fácil de digerir para el pueblo. Es así como lo tratan los medios en un torpe afán de parecer "neutrales" cuando evidentemente no lo son.

Lo criticable no es que una persona cambie de ideología. Lo criticable es que lo haga por razones que no sean de conciencia. Lo criticable no es que alguien no renuncie a una diputación, senaduría o alcaldía luego de cambiar de partido. Lo criticable es que aun pensemos que los representantes se deben a los partidos y no a la ciudadanía que los elige. Lo criticable no es que un militar cambie de bando en medio de un conflicto. Lo criticable es que un militar, habiéndose dado cuenta de sus actos son ilegales e ilegítimos, contrarios al derecho, la razón y la justicia, no lo rechace sus órdenes.

De lo que se trata es de honor, de responsabilidad, de conciencia. Valores que parecen haber pasado de moda.

John F. Kennedy, en su obra "rasgos de valor" ("Profiles in courage") hace una antología de políticos que tomaron decisiones heróicas, contra la marea y muchas veces al costo de sus carreras políticas. Podrían llamarse tránsfugas.

Lo criticable no es que se vaya, es que quien se vaya lo haga por dinero, o por un cargo, o por una prebenda. Que se venda...que venda su conciencia...

No es criticable y nunca lo será quien en medio de la contienda política cambia de lado por defender su honor, o el honor de su familia, o la razón, o el derecho, o la justicia...

Eso, lejos de ser "alta traición",
es patriotismo...

Indice

Prólogo

El "Beau ideal"   1

"Esa no es mi constitución"...   6

Como destruir los fondos...   13

Justicia política   19

¿Necesita Haití de un dictador?   23

Formadores delincuentes...   27

Si es esclavo, indolente y servil...   31

Ninguno es fácil... ¿Ninguno?   34

El barrilito..."Legal, legitimo...   38

El tránsfuga   43

www.ingramcontent.com/pod-product-compliance
Lightning Source LLC
Chambersburg PA
CBHW020410290526
45785CB00005B/2490